AF224535

NOTICE

SUR

LA BATAILLE D'ESPINOSA DE LOS MONTÈROS,

GAGNÉE

PAR L'ARMÉE FRANÇAISE SUR LES ESPAGNOLS,

LES 10 ET 11 NOVEMBRE 1808.

AVEC DEUX PLANS.

A PARIS.

1808.

NOTICE

Sur la Bataille d'ESPINOSA DE LOS MONTÈROS.

LA bataille d'Espinosa, qui a décidé du sort de l'armée de Galice et de toute la gauche de l'armée espagnole, excite assez la curiosité publique, tiendra un rang assez honorable dans nos annales militaires, et a une influence assez marquée sur le destin de la péninsule qui, elle-même, en exerce une aussi considérable sur le reste du monde, pour croire qu'un croquis, fait par un Officier présent à la bataille, ne pourra que faire plaisir aux militaires.

L'armée de Galice se composait d'un corps de douze mille hommes de troupes de ligne qui se trouvaient à Oporto, qui s'insurgea, et qui se rendit en Galice, en emmenant le Général français qui commandait à Oporto.

Quinze mille hommes de troupes de ligne qui se trouvaient à la Corogne et dans la Galice, se joignirent à ce corps.

Six mille hommes tirés du département de la marine du Ferrol, s'y réunirent également.

Les Anglais, dans le courant du mois d'août, débarquèrent cinq mille hommes prisonniers espagnols.

Le Marquis de *la Romana* y joignit cinq mille hommes qu'il ramena du nord.

Les levées de la Galice, du royaume de Léon et des Asturies, complétèrent ce corps à quatre-vingt mille hommes.

Le Général *Filangieri*, Capitaine général de la Galice, qui commandait ces troupes, fut massacré par ses soldats; et son Chef d'état-major, le Général *Blake*, fut promu et nommé Général en chef.

Il se présente à Médina del Rio Seco, le 14 juillet; ce corps n'était, à cette époque, que de quarante mille hommes; il fut alors battu en détail par le Maréchal Duc d'*Istrie*. Sa perte en hommes tués, blessés, éparpillés, qui n'ont pu rejoindre par suite de la bataille, peut être portée à vingt-cinq mille hommes.

Son corps était donc de cinquante-cinq mille hommes lors de l'ouverture de la campagne actuelle.

Le Général *Blake* s'était porté avec ce corps sur Bilbao. L'expérience de Médina del Rio Seco, où huit mille hommes en avaient battu quarante mille, lui avait fait comprendre la supériorité de notre tactique, et, dès-lors, qu'il ne pouvait tenir en plaine devant une armée française, quelque inférieure qu'elle fût; il voulut donc se porter dans les montagnes.

Lorsqu'après les honteuses et inexplicables affaires d'Andalousie, on eut jugé convenable d'adopter, pour les armées françaises en Espagne, un système concentré et définitif, le Général *Blake* rallia son armée au camp de Colòmbres: ainsi les levées des Asturies qu'il couvrait, reçurent tous

(5)

les secours des Anglais par Santander et San Vicente.

Quand il crut son armée suffisamment organisée, il se présenta sur Bilbao; son avant-garde en fut chassée; il y revint : enfin, le 25 octobre, il campa vis-à-vis les hauteurs de Durango avec trente mille hommes; vingt-cinq mille hommes occupaient les débouchés de Villarcayo, d'Orduña et de Murguîa.

Le Duc *de Danzig* arriva à l'armée le 11 octobre, et fut placé, avec son corps, sur les hauteurs de Durango, pour contenir l'armée de Galice.

L'intention du Général *Blake* était évidente; il voulait, de Durango, descendre sur Mondragon, d'où il n'était éloigné que d'une marche. Maître des hauteurs de Mondragon, il se fût trouvé à une journée derrière Vittoria, quartier général de l'armée française, et à trois ou quatre journées derrière l'avant-garde de l'armée.

Cependant les troupes de la grande armée arrivaient en Espagne, et le Général *Blake* persistait toujours dans son projet, qui, exécuté brusquement et avec de bonnes troupes, aurait pu avoir de fâcheuses conséquences, mais qui désormais n'avait plus de dangers que pour lui.

Dans cette situation de choses, le roi d'Espagne, qui avait parfaitement compris que l'Empereur, arrivé, dirigerait lui-même les colonnes de son armée pour cerner et tourner ces cinquante-cinq mille hommes, en suivant les principes de cette tactique à-la-fois audacieuse et prudente,

. 3

qui lui a si souvent réussi, avait prescrit au Duc *de Danzig* de se borner à contenir l'ennemi.

Mais le projet du roi d'Espagne fut déconcerté ; le Duc *de Danzig* s'indigna de cet état défensif ; les partis du Général *Blake* inquiétaient ses flancs ; il crut les armes françaises humiliées, et donna le signal.

Les divisions *Sébastiani, Villatte* et *Leval,* les deux premières composées de troupes françaises ; la troisième, des régimens de la Confédération du Rhin, marchèrent, le 31, à l'ennemi, le culbutèrent, entrèrent le lendemain à Bilbao, et l'attaquèrent quelques jours après à Güenes.

Dans ces entrefaites, le corps du Maréchal Duc *de Bellune* étant arrivé, fut dirigé par Murguîa et Amurrio sur Valmaseda, pour tomber sur les flancs de l'ennemi.

Le 5 novembre, l'Empereur arriva à Vittoria. Il vit avec peine que les affaires étaient engagées moins bien qu'il n'aurait fallu ; il ordonna cependant des dispositions, fit enlever Burgos par le Maréchal Duc *de Dalmatie,* et aussitôt le dirigea sur Reynosa, fit faire différens mouvemens au Duc *de Bellune* et à sa 3.ᵉ division, commandée par le Général *Lapisse.*

Cependant l'ennemi, déjà défait par le Duc *de Danzig,* résolut de s'approcher de ses magasins et des points de sa retraite : le Duc *de Bellune* le suivit ; les deux armées se trouvèrent en présence en avant d'Espinosa de los Montèros.

L'ennemi avait à Reynosa son parc et des magasins immenses ; beaucoup d'objets précieux se trouvaient à

Santander, Cumillas et autres villes. Le Général *Blak* voulut tenter le sort des armes, avec toutes ses forces réunies, dans un terrain qui lui était favorable, ou peut-être il voulait gagner quelques jours pour évacuer tous ses derrières. Il connaissait mal l'ardeur des troupes de la grande armée.

Le croquis ci-joint fera voir qu'Espinosa est l'intersection des trois routes de Santander à Reynosa et Villarcayo ; à Santander, Reynosa et Villarcayo, l'armée de la Galice avait tous ses magasins, ses dépôts, ses hôpitaux.

L'armée espagnole couronne des montagnes ; par sa gauche, elle couvre Santander ; par sa droite, elle s'appuie à des précipices et à une hauteur où elle avait placé six pièces d'artillerie ; en avant, elle occupe un mamelon qui est comme l'avant-garde de toute cette position.

Le Duc *de Bellune*, étant arrivé devant Espinosa, se décide à emporter le mamelon qu'occupaient les troupes du Général *la Romana* : il ordonne au Général *Pacthod* d'enlever ce mamelon à la baïonnette, avec sa brigade, composée des 94.ᵉ et 95.ᵉ régimens d'infanterie de ligne. Il garnit son centre avec le 63.ᵉ, et place le 27.ᵉ d'infanterie légère sur sa droite pour surveiller la gauche de l'ennemi qui occupe les hauteurs.

Le plateau *A* fut enlevé ; et après deux heures de combat, tout ce qui le défendait fut jeté dans les précipices qui l'environnaient ; les deux régimens de *Zamora* et de *la Princesse*, qui avaient faussé leur serment prêté sur la Baltique, y trouvèrent la mort et la punition de leur parjure.

Les six pièces de canon placées sur la hauteur, battaient le plateau à bout portant; l'armée française n'avait pas de canons; elle n'en pouvait traîner dans ces montagnes. Ceux qu'avait le Général *Blake* venaient de ses derrières.

Tous les efforts de l'ennemi pour reprendre le plateau furent inutiles; et l'attaque, qui avait commencé à trois heures après midi, finit à six heures avec le jour.

Le Duc *de Bellune* fit relever, dans la nuit, les 94.ᵉ et 95.ᵉ régimens par les 9.ᵉ d'infanterie légère et 24.ᵉ d'infanterie de ligne, et fit occuper les bois à gauche du mamelon par le 54.ᵉ aussi de ligne.

Le lendemain matin, les Espagnols s'étaient groupés au pied du plateau, et y avaient formé un épais bataillon carré.

Le Duc *de Bellune* voyant qu'il avait réussi à attirer sur ce point l'attention et les principales forces de l'ennemi, résolut d'attaquer les hauteurs qu'occupait la gauche de celui-ci, et qui étaient la clef de cette position; il chargea le Général *Maison,* avec sa brigade composée du 16.ᵉ d'infanterie légère et du 45.ᵉ d'infanterie de ligne, de gravir ces hauteurs et d'en débusquer l'ennemi. Le Général *Maison* remplit parfaitement son intention : les braves du 16.ᵉ marchent aux Espagnols, enlèvent la hauteur, coupent toute la gauche, ce qui fut, pour le centre, où étaient le 63.ᵉ et la division *Ruffin,* le signal de marcher. Mais l'ennemi, voyant la communication de Santander coupée, se mit dans une épouvantable déroute et ne rendit plus le combat.

Le 27.ᵉ d'infanterie légère s'empare de six pièces de canon; le 16.ᵉ pousse droit au pont d'Espinosa, où il se fait un massacre horrible; le bataillon carré est acculé à la rivière, un petit nombre échappe.

En se sauvant, les fuyards jetaient leurs armes et leurs habits rouges, funeste présent de l'Angleterre, et se couvraient de leurs habits de bure, couleur de capucin, qui est l'habit espagnol.

Dix jours après la bataille d'Espinosa, on en ramassait encore à vingt lieues du champ de bataille. De ces quarante-cinq mille hommes qui se trouvaient à Espinosa, car dix mille avaient péri depuis la retraite de Durango, onze mille restaient à peine à l'ennemi.

Le Général *Blake* espérait se reposer un moment à Reynosa; de belles positions, et sur-tout soixante pièces de canon qu'il y avait réunies, lui faisaient espérer que les Français, qu'il savait n'avoir aucune artillerie, lui donneraient un peu de relâche : mais le Duc *de Dalmatie*, parti de Burgos à marches forcées, était déjà à peu de lieues de Reynosa, où il entra effectivement le 12; les canons, les magasins de vivres, l'arsenal, les magasins d'habillemens venus d'Angleterre, tout fut la proie du vainqueur.

Le Général *Blake* se sauva à travers les montagnes.

Le Duc *de Dalmatie*, peu de jours après, arriva à Santander, en chassa le furibond évêque. Il vit des bâtimens anglais prendre le large, et obligés de nous laisser maîtres d'une grande quantité de coton, de denrées coloniales, de marchandises anglaises; et sans donner de relâche à l'ennemi, il le poursuivit à trente lieues de là, traversant toutes les Asturies de Santillane, le força au combat de San Vicente, et ne prit un moment de repos que lorsque l'ennemi, réduit à sept ou huit mille hommes, dut cesser de tenir la campagne devant lui.

Les quatre-vingt mille hommes qui menaçaient les communications de l'armée française, et qui étaient le produit de l'ancienne force militaire de l'Espagne, des ressources du département de la marine, de tout ce que l'Angleterre leur avait fourni en hommes, en armes et en secours de toute espèce, et enfin des levées de la Vieille Castille, du royaume de Léon, des Asturies, de la Galice, c'est-à-dire, du tiers de la population de l'Espagne; cette armée, disons-nous, a disparu, et n'est plus rien dans la balance des événemens : et cependant la perte de l'armée française est peu considérable ; aucun homme de marque n'a péri; elle n'a eu que cinq à six cents hommes hors de combat.

Dans cette courte Notice, on n'a eu pour but que de faire connaître la bataille d'Espinosa; on n'a point parlé du combat de Burgos, qui a décidé du sort de l'armée d'Estramadure : mais nous desirons qu'un Officier témoin de la bataille de Tudela, qui vient de décider du sort de l'armée d'Andalousie, de la Nouvelle - Castille, de Valence et d'Arragon, et qui formait la droite de l'armée ennemie, donne aussi un croquis qui nous fasse connaître cet événement important.

Cette action a dû être plus régulière, plus méthodique, puisqu'elle a eu lieu en plaine, et que l'armée a pu s'aider d'une nombreuse artillerie et d'une brillante cavalerie.

CROQUIS DE LA BATAILLE D'ESPINOSA DE-LOS-MONTEROS
Gagnée par les Français le 10 et 11 Novembre 1808.
Pl. 1.
Route de Villarcayo
Route de Reynosa
ESPINOSA
de los Monteros
Route de Santander
C
Route de Lons
Quintana
de los Penas
Edesa
Montecillo
Route del Berecedo
Tirailleurs Espagnols
Echelle
Français.
Espagnols.
A. Plateau enlevé dans la journée du 10. C. Hauteur qui domine toutes les autres et qui est la clef de la Position).
Anciennes Positions.
Ancienne Position

CROQUIS DE LA BATAILLE D'ESPINOSA DE-LOS-MONTEROS

Gagnée par les Français le 10 et 11 Novembre 1808.

Pl. 2.

ESPINOSA
de los Monteros

Route de Villarcayo

Route de Reynosa

Route de Santander

Route de Loma

Quintana
de los Prados

Edesa

Montecillo

Route de Bercedo

D

C

B

B

Échelle

Français.

Espagnols.

B, B. Positions que les Espagnols n'ont occupées que dans la journée du 11. C. Hauteur qui domine toutes les autres et qui est la clef de la Position. D. Colonne serrée par Division, forte de 12000 hommes.

Ancienne Position.

Anciennes Positions.